BEI GRIN MACHT SICH IHR WISSEN BEZAHLT

AF145790

- Wir veröffentlichen Ihre Hausarbeit,
  Bachelor- und Masterarbeit

- Ihr eigenes eBook und Buch -
  weltweit in allen wichtigen Shops

- Verdienen Sie an jedem Verkauf

Jetzt bei www.GRIN.com hochladen und kostenlos publizieren

Bibliografische Information der Deutschen Nationalbibliothek:

Die Deutsche Bibliothek verzeichnet diese Publikation in der Deutschen National-
bibliografie; detaillierte bibliografische Daten sind im Internet über http://dnb.d-
nb.de/ abrufbar.

Impressum:

Copyright © 2017 GRIN Verlag
Druck und Bindung: Books on Demand GmbH, Norderstedt Germany
ISBN: 9783668944381

Dieses Buch bei GRIN:

https://www.grin.com/document/469841

Kathleen Victoria Craig

Sexualisierte Gewalt in pädagogischen Kontexten am Beispiel der Odenwaldschule

GRIN Verlag

GRIN - Your knowledge has value

Der GRIN Verlag publiziert seit 1998 wissenschaftliche Arbeiten von Studenten, Hochschullehrern und anderen Akademikern als eBook und gedrucktes Buch. Die Verlagswebsite www.grin.com ist die ideale Plattform zur Veröffentlichung von Hausarbeiten, Abschlussarbeiten, wissenschaftlichen Aufsätzen, Dissertationen und Fachbüchern.

Besuchen Sie uns im Internet:

http://www.grin.com/

http://www.facebook.com/grincom

http://www.twitter.com/grin_com

Pädagogische Hochschule Freiburg

Institut für Psychologie

Sexuelle Gewalt bzw. sexueller Missbrauch im Kindes- und Jugendalter –

Möglichkeiten der Prävention und Intervention in der Schule

Modulprüfung Psychologie 2

Sexualisierte Gewalt in pädagogischen Kontexten am Beispiel der Odenwaldschule

Kathleen Victoria Craig

Lehramt an Grundschulen (PO 2011)

Deutsch und Kunst (7. Semester)

Inhaltsverzeichnis

Einleitung

„Jahrzehntelang besaß die Odenwaldschule einen hervorragenden Ruf – eine reformpädagogische Vorzeigeinstitution mit elitärem Klientel. Jeder, der auf der OSO war - sowohl Schüler als auch Lehrer – war Stolz, auf dieser berühmten Schule gewesen zu sein" (Röhl 2011).

An der Odenwaldschule wurden seit den 1960er Jahren bis in die 1990er Jahre mindestens 132 Schüler missbraucht. Keiner der Täter wurde je für seine Verbrechen verurteilt. Der Missbrauch ist rechtlich über die Jahre hinweg verjährt, die emotionalen Wunden der Betroffenen bestehen jedoch weiterhin. Die vorliegende Arbeit versucht Antworten auf folgende Fragen zu finden:

Wie konnte es zu diesen Vorfällen in einem solchen Ausmaß kommen?

Warum dauerte es über 30 Jahre, bis die Vorfälle öffentlich bekannt wurden?

Welche Konsequenzen können daraus gezogen werden?

Der erste Teil widmet sich der terminologischen Klärung des Fachbegriffes *sexualisierte Gewalt*. Danach wird das Konzept der Odenwaldschule vorgestellt und die Vorfälle der sexualisierten Gewalt benannt. Im Anschluss daran wird die Frage geklärt, welche Strukturen die Missbrauchsfälle begünstigten. Historische Dokumente weisen darauf hin, dass Schüler bereits kurz nach der Gründung des Internats von Lehrern sexuell belästigt wurden (vgl. Stark 1998, S.371f). Im Zuge der Aufdeckungsarbeiten 2010 stellte sich heraus, dass die Häufung der Missbrauchsfälle in die Amtszeit des Schulleiters Gerold Becker fällt (1972-1985) und er somit als einer der Haupttäter betrachtet wird (vgl. Burgsmüller/Tilmann 2010, S.24), weshalb diese Arbeit sich auf die Vorfälle im Zeitraum der 1970er und 1980er begrenzt. Im Fokus des darauffolgenden Abschnitts steht Andreas Huckele, ein ehemaliger Schüler der Odenwaldschule und Opfer sexualisierter Gewalt seitens Becker, der von 1981 – 1988 an der Odenwaldschule war. Als Grundlage dessen dient sein Buch *Wie laut soll ich denn noch schreien?* das bis 2011 unter dem Pseudonym Jürgen Dehmers herausgegeben wurde. Auf die Konsequenzen der Aufdeckungsarbeiten bezieht sich der vorletzte Abschnitt. Zum Ende der Arbeit werden die wichtigsten Ergebnisse noch einmal zusammengefasst und abschließend noch offen gebliebene Fragen erörtert.

In der vorliegenden Arbeit wird, zur Erleichterung des Leseflusses, bei Personenangaben die männliche Form verwendet. Diese schließt die weibliche Form selbstverständlich mit ein.

1 Begriffsklärung: Sexualisierte Gewalt

Da keine einheitliche Definition von *sexualisierter Gewalt* vorliegt, kommt es immer wieder zu inhaltlichen Verwirrungen im Diskurs darüber, ausgelöst durch unklare Sprache und schwammige Begrifflichkeiten. Daher sollten zunächst einmal die Begriffe definiert werden.

> *„Sexueller Missbrauch von Kindern ist jede sexuelle Handlung, die an oder vor einem Kind entweder gegen den Willen des Kindes vorgenommen wird oder der das Kind auf Grund körperlicher, seelischer, geistiger oder sprachlicher Unterlegenheit nicht wissentlich zustimmen kann. Der Täter nutzt seine Macht- und Autoritätsposition aus, um seine eigenen Bedürfnisse auf Kosten des Kindes zu befriedigen"* (kein-raum-fuer-missbrauch 2013).

In dieser Definition wird deutlich, dass ein Kind niemals Schuld trägt, egal, ob es sich körperlich wehrt, oder es aufgrund verschiedener Unfähigkeiten nichts gegen die Belästigung tun kann. Hervorzuheben ist, dass die Täter (aber auch Täterinnen!) Macht- und Autoritätspositionen ausnutzen, weshalb der Terminus *sexuell* irreführend ist. Nicht nur die Organisation *kein-raum-für-missbrauch* verwendet den Ausdruck des *sexuellen Missbrauchs*, auch in der Literatur ist er oft zu lesen. Sogar das deutsche Grundgesetz bedient sich des Begriffs des *sexuellen Missbrauchs*, der nach §§174-184 StGB eine Straftat darstellt. In der Hausarbeit wird der Begriff der *sexualisierten Gewalt* verwendet, da dieser Terminus das Thema genauer beim Namen nennt. Die anderen, noch gebräuchlicheren Ausdrücke sind ungenau und wecken falsche Assoziationen. Bei *sexueller Gewalt* tritt die Schwierigkeit auf, dass sexuell das zugehörige Eigenschaftswort zu Sexualität ist. Dieses ist positiv konnotiert und widerspricht der ausgeübten Macht der Täter. Bei dem Terminus *sexualisierter Gewalt* liegt der Schwerpunkt auf Gewalt, da diese in erster Linie vom Täter dem Opfer gegenüber ausgeübt wird, was auf unterschiedliche Art und Weise passieren kann:

> *„Gewalttätigkeiten und Grenzüberschreitungen können physisch sein (schlagen), psychisch (demütigen) oder emotional (Manipulation). Wird eine der drei Varianten der Grenzüberschreitungen mit scheinbarer Sexualität aufgeladen, handelt es sich um sexualisierte Gewalt"* (Huckele 2014, S.205f).

Diese Definition wird durch die des Vereins *Wendepunkt* erweitert und mit Beispielen verdeutlicht:

„Sexuelle Handlungen sind zum Beispiel der Gebrauch sexualisierter Worte, Blicke oder Gesten, das Berühren oder Streicheln der Genitalien der Kinder, das Veranlassen von Berührungen am eigenen Körper, um sich sexuell zu befriedigen, Fotografieren eines Kindes nackt oder in aufreizenden Posen, Masturbieren vor einem Kind, Zungenküsse oder Pornos zeigen. Weitere Formen sind Kinderprostitution und Kinderpornografie. In schweren Fällen kommt es zu oralem, genitalem oder analem Eindringen in den Körper" (BZgA 2014, S.7).

2 Der Fall Odenwaldschule

Zum besseren Verständnis der Missbrauchsfälle an der Odenwaldschule, wird das pädagogische Konzept dargestellt und daraus folgend die begünstigenden Bedingungen für sexualisierte Gewalt erläutert.

2.1 Pädagogisches Konzept

Die Odenwaldschule war ein Internat im hessischen Ober-Hambach und galt lange Zeit als eine reformpädagogische Vorzeigeschule mit exzellentem Ruf. Im Zuge der Landerziehungsheimbewegung wurde sie 1910 gemeinsam von Paul Geheeb und seiner Frau Edith Geheeb gegründet (vgl. Reble 1999, S.316). Sie war ein Teil der Protestbewegungen des ausgehenden 19. Jahrhunderts in Europa, die als Gegenreaktion auf die Industrialisierung und durch diese hervorgerufenen gesellschaftlichen Veränderungen entstand. Seit 1949 war die Schule in freier Trägerschaft und musste sich somit finanziell selbst unterhalten (vgl. Geheeb 1930a, S.26).

„Werde, der du bist" war der Leitgedanke der Schule, der den Schülern ermöglichen sollte, ihren individuellen Lernwegen und ihrer eigenen Persönlichkeitsentwicklung nachgehen zu können. Der Klassenverband und auch die Jahrgangsklassen wurden aufgelöst und die Schüler sollten den Unterricht, so weit wie möglich, selbst gestalten und so zu ihrem Abschluss gelangen. Neben den staatlich anerkannten Abschlüssen wie Haupt-, Real- Fachoberschule und Abitur, bestand auch die Möglichkeit, parallel eine berufliche Ausbildung zu erwerben (vgl. Rietzschel 2014).

Mit seinem neuen Konzept wollte Geheeb das Verhältnis von Schülern und Lehrern grundlegend ändern und auf gegenseitigem Respekt und Dialog aufbauen, jenseits von Autorität, Gehorsamkeit und Unterordnung. In der Schulordnung legte er fest, dass es „eine freie Gemeinschaft, in der die verschiedenen Generationen unbefangen miteinander umgehen und voneinander lernen können" geschaffen werden solle (Huckele 2013, S.114).

Die meisten Schüler der Odenwaldschule lebten im Internat in familienähnlichen Wohngruppen von sechs bis zwölf Personen gemeinsam mit einem Lehrer zusammen. Der Lehrer als Familienoberhaupt war stets zuständig für seine Wohngruppe und diente den Kindern als Ansprechpartner. Er kümmerte sich um die verschiedensten Anliegen der Kinder, plante die Wanderwochen (die einer Klassenfahrt ähnelten) und schrieb auch die Familienberichte (vgl. ebd. 2013, S.30).

2.2 Sexualisierte Gewalt an den Schülern

Zwischen den Jahren 1965 und 1998 wurde Schülern der Odenwaldschule sexualisierte Gewalt angetan. Bis heute haben sich knapp 132 Opfer persönlich gemeldet und 20 Täter sind namentlich bekannt. Über 30 Jahre haben die Betroffenen geschwiegen, aber noch immer gibt es viele, die nicht darüber sprechen. Der Opferverein Glasbrechen e.V. geht von einer weit höheren Dunkelziffer aus, nach Einschätzungen sollen weitere 500 Schüler betroffen sein. „Die Dokumentation bleibt unvollständig" (Zeit 2014) erklärten im März 2010 zwei Juristinnen im Abschlussbericht, die um Hilfe der Aufklärung gebeten wurden. „Wir wissen um ein fortbestehendes Dunkelfeld", sagte Burgsmüller (ebd. 2014).

2.3 Begünstigungen für die sexualisierte Gewalt an der Odenwaldschule

Es handelte sich also nicht um Einzelfälle, vielmehr hatte der Missbrauch System und dauerte über Jahrzehnte an. Im Folgenden geht die Hausarbeit der Frage nach, wie es möglich war, dass die sexualisierte Gewalt an der Odenwaldschule so lange geduldet, vertuscht und geleugnet werden konnte.

2.3.1 Die Odenwaldschule als Alleinstellungsmerkmal und der damalige Zeitgeist

Die Täter wussten sich zu schützen und nutzten die Grauzonen ihrer Berufsfelder. Sie fielen gar nicht oder nur positiv auf und galten auch meist als herausragende Pädagogen. Sie ließen keinen Verdacht aufkommen, da sie immer dem Bestreben nachgingen, die Institution in einem besonderen Licht darzustellen, dementsprechend gab es auch keine Vorsichtsmaßnahmen und somit geriet der Missbrauch an der Schule außer Kontrolle (vgl. Oelkers 2016, S.520).

Die Stimmung war geprägt vom Zeitgeist der 1968er Jahre im Zusammenspiel mit fehlender Kontrolle und Autorität. Schon im Alter von zwölf Jahren hatten einige Jugendliche ihren ersten Vollrausch erlitten und gerieten in die Alkoholabhängigkeit. Die Erwachsenen waren in Kenntnis dessen und begünstigten diese Strukturen, indem sie den Schülern halfen, sich Alkohol zu beschaffen, oder gemeinsam mit ihnen konsumierten. Der Umgang mit Alkohol und Drogen wurde öffentlich und exzessiv zelebriert (vgl. Huckele 2013, S.25).

Viele Begebenheiten waren so ausgelegt, dass sie den Interessen der Erwachsenen dienten und nicht denen der Kinder so auch die Einführung in die Liebe von Kindern. Die Internatsfamilien waren Orte, in denen Pädosexuelle die Schüler in die Knabenliebe einführten und es mit dem Recht auf Sexualität bei Kindern begründeten, getreu der Spät-68er (vgl. Giesecke 2010).

2.3.2 Das System Becker

Es ist ein Zusammenwirken mehrerer Faktoren, die die sexualisierte Gewalt an der Odenwaldschule begünstigten, wobei das Vorgehen Gerold Beckers einer expliziten Betrachtung bedarf.

Er war ein einflussreicher, charismatischer Mann und vor allem ein guter Redner. Als Schulleiter konnte Becker Maßnahmen ergreifen, um sich selbst vor zu vielen Mitwissern zu schützen (vgl. Deutscher Depeschendienst 2010). Beispielsweise prahlte er einmal damit, „wie Hinweise des staatlichen Schulamts in Heppenheim auf Einhaltung der Schulgesetze vom Kultusminister abgebügelt wurden" (vgl. Huckele 2013, S.62f), als ein Foto eines Alkoholexzesses nach außen gelangte. Seine Kontakte waren breitgestreut und die meisten Menschen verfielen seinem Charme. Beckers Auftreten begünstigte sein perfides System, welches sich durch Abhängigkeiten im höchsten Maße erklären lässt.

Becker – Schüler

Er hatte ein gutes und vertrautes Verhältnis zu seinen Schülern. Gemeinsam lebte er mit ihnen unter einem Dach, teilte Dusche und Toiletten mit ihnen und holte offenbar gezielt Kinder zu sich, die er sich zu Diensten machen könnte (vgl. Kaufmann 2010). Die Schüler hatten keinen, bzw. nur wenigen Kontakt nach außen und meist ein schlechtes Verhältnis zu ihren Eltern. Becker kam das sehr gelegen, er war ihr Ansprechpartner zu jeder Tageszeit. Dadurch hatte Becker ein rundum geschlossenes System geschaffen. Die Schüler trauten sich nicht, untereinander über das Geschehene zu sprechen (vgl. Bartsch/Verbeet 2010). Gingen Schüler nicht auf ihn ein, schrieb Becker schlechte Familienberichte, oder ihnen drohte der Schulverweis unter Anschuldigung falscher Tatsachen (vgl. Huckele 2013 S.68). „Es gab ein Mädchen, das über den Missbrauch von Schulkameradinnen berichtet hat, ihr wurde nicht geglaubt" (Kaufmann 2010). Sie musste die Schule ohne Schulabschluss verlassen, da Becker sie des Drogenkonsums beschuldigt hatte.

Becker – Eltern

Da die Kinder den größten Teil ihrer Zeit auf der Odenwaldschule verbrachten und nur wenig Kontakt zu ihren Eltern halten konnten, waren auch die Eltern von Becker abhängig. Wurden Eltern misstrauisch, sagte Becker: „Bei uns hat Ihr Kind eine kleine Chance, Abitur zu machen, keine große, aber eine kleine" (Huckele 2013, S.29). Daraufhin trauten sich die wenigsten Eltern Widerspruch einzulegen, da sie den Wunsch hatten, dass ihr Kind einen Schulabschluss erreichte.

Becker – Lehrer

Besonders zu betonen ist die „pädosexuelle Verschwörung", die Becker in der Odenwaldschule geschaffen hat (Füller 2011). Er hatte ein regelrechtes Nest von Pädosexuellen für Pädosexuelle geschaffen. Er lotste Gleichgesinnte an die Schule, die in vielen Fällen nicht einmal Lehrer waren, unter dem Motto „Wir brauchen Typen, normale Lehrer gibt es überall" (ebd. 2011). Nur bei ihm hatten sie eine berufliche Chance. Mit deren Anstellung verschaffte er den Lehrern Ruhm und Ehre in der Gesellschaft. Es wurden Lehrer mit Berufsverbot, ohne Staatsexamen, aber auch Menschen ohne pädagogische Ausbildung angestellt. Der Ausstieg aus der Odenwaldschule hätte für Viele das berufliche Aus bedeutet. Ende der 70er Jahre wurden nur wenige Lehrer eingestellt. Demzufolge waren sie erpressbar und die Vorfälle wurden lange nicht öffentlich gemacht (vgl. Huckele 2013, S.55f).

3 Andreas Huckele

Im weiteren Verlauf der Hausarbeit wird auf Andreas Huckele als Person und seine maßgebende Rolle als einer der wichtigsten Aufklärer in der Aufarbeitung der Odenwaldschule eingegangen. Unter dem Pseudonym Jürgen Dehmers veröffentlichte er 2011 sein Buch „Wie laut soll ich denn noch schreien?" und bricht das jahrelange Verdrängen, Schweigen und Vertuschen, wofür er 2012 den Geschwister-Scholl-Preis für „ein seltenes Beispiel von Mut" verliehen bekam.

Als Kind zweier Teenager (16 und 18) wurde Huckele in einem Dorf in der Nähe von Frankfurt am Main geboren. Bis zur Trennung der Eltern, lebte er gemeinsam mit seiner Mutter in dem Haus der Großeltern. Rückblickend beschreibt er seine Kindheit dort als die glücklichste Zeit seines Lebens. Im Alter von acht Jahren zog er mit seiner Mutter nach Frankfurt und pflegte nur noch sporadischen Kontakt zu seinem Vater. Seine Mutter litt mit zunehmender Arbeit an depressiven Verstimmungen, die in einem Suizidversuch mündeten. Die Beziehung seiner Eltern schildert er als undurchsichtig und unbeständig. Die Folgen der prekären familiären Situation waren ein Abfallen seiner schulischen Leistungen und sozial-emotionale Auffälligkeiten. Mit dem Ende der sechsten Klasse wurde die Entscheidung getroffen, dass Huckele Schüler der Odenwaldschule werden sollte. In den Jahren 1981 bis 1988 lebte Huckele in den Familien der Odenwaldschule und legte dort sein Abitur ab (vgl. Huckele 2013, S.21ff).

Bereits an einem seiner ersten Tage dort, lernte Huckele seinen Mitschüler Thorsten Wiest kennen und schloss eine tiefe Freundschaft mit ihm. Das erste Jahr lebte er unter dem Familienoberhaupt Dietrich Dreher in einem Doppelzimmer von acht Quadratmetern, welches kaum Privatsphäre zuließ. Durch den Sport fand er schnell Freunde und verbrachte die meiste freie Zeit auf dem Fußballfeld (vgl. ebd. 2013, S.40).

Schon in den ersten Monaten an der Odenwaldschule nahm Huckele eine gewaltbereite und sexualisierte Stimmung unter den einzelnen Schülern wahr: verschiedene Mitschüler vergingen sich an den Geschlechtsteilen untereinander. Man sah es, aber tat nichts dagegen, keiner. Schon mit 12 Jahren hatte er seinen ersten

Vollrausch. Alkohol und Drogen waren an der Odenwaldschule weitverbreitet (vgl. ebd. 2013, S.46ff).

Mit dem Ende der siebten Klasse zog Huckele bei Gerold Becker in die „Familie" ein. Rückblickend sagt er, Becker sei nicht nur Schulleiter und Familienoberhaupt gewesen, sondern im Laufe der Jahre auch eine Vaterfigur. Die Zeit bei Becker war von viel Alkohol, Grenzenlosigkeit, Autoritätslosigkeit sowie Herumlungern geprägt (vgl. ebd. 2013, S.18).

Kurz nach den Osterferien der achten Klasse verletzte sich Huckele beim Fußballspielen am Arm und hatte unter der Dusche Schwierigkeiten, die Shampoo-Flasche zu öffnen. Wie aus dem Nichts heraus stand Becker neben ihm und bot ihm Hilfe an. Das war das erste und sollte auch nicht das letzte Mal sein, dass Becker sich an Huckele verging. Von da an besuchte Becker Huckele jeden Morgen und „manipulierte" sein Geschlechtsteil. Danach ging er in die Duschen und „sah sich an den anderen Kindern satt". Huckele fühlte sich ohnmächtig, die einzige Möglichkeit für ihn das Ganze zu überstehen, war noch mehr zu trinken. „Ich konnte mich betäuben, mehr nicht" (ebd. 2013, S.51).

In den darauffolgenden Sommerferien machten Becker und er eine einwöchige Bootstour nach Irland. Sie benahmen sich wie zwei Erwachsene, zwei Gleichgesinnte. Er beschreibt sich in dem Urlaub als einen Jungen „[d]er sich benehmen konnte, als wäre er groß. Obwohl er klein war und sich meistens auch so fühlte" (ebd. 2013, S.58). Das verdeutlicht, dass er aufgrund seiner Lebensrealitäten und -erfahrungen das Erlebte als etwas Gewöhnliches eingestuft hatte, aber dennoch massiv überfordert war. Zu Beginn der neunten Klasse kamen aufgezwungene Küsse auf den Gängen hinzu. Die morgendlichen Besuche hielten noch immer an. „Du bist eigentlich nur noch besoffen", war ein Satz, mit dem ihm ein Freund begegnete. Eine Konsequenz der ihm angetanen sexualisierten Gewalt (vgl. ebd. 2013, S.58f).

Huckele beschreibt ein besonders traumatisierendes Ereignis der neunten Klasse. Sie tranken, wie so oft, bei Becker in der Küche. Im Laufe des Abends musste Huckele bei Becker im Bett eingeschlafen sein:

„Ich wache auf. Ich bin noch ziemlich besoffen. Ich bin nackt [...] Jemand lutscht an meinem Penis. Ziemlich heftig. Will der mir meinen Penis abbeißen? Es ist total ätzend. Ich will das nicht. Wer ist das? Becker! [...] Ich komme nicht aus meinem Körper heraus. Der Mann lutscht immer heftiger. [...] Es ist, als ob ich durch einen tiefen Schacht falle. Ich kann nichts tun. Ich kann mich nicht wehren, nicht schreien. [...] Ich verbrenne innerlich. Er hört nicht auf. Er macht weiter. Meine Seele stirbt. Hört das nie auf? Irgendwann hören meine Ohren die Worte 'War's schön?' " (ebd. 2013, S.61).

Schwer traumatisiert ging er nach diesem Ereignis für drei Monate nach England, es sei die beste Phase seiner Schulzeit gewesen. Während des Aufenthalts schrieb Becker ihm 60 Briefe ohne verfänglichen Inhalt. Man hätte sie als väterliche Zuwendung deuten können (vgl. ebd. 2013, S.61).

Zurück an der Odenwaldschule war Huckeles Verhalten von Aggressionen geprägt. Die Zeit in London hatte ihn verändert. Huckele wurde selbstbewusster. Im Laufe der zehnten Klasse versuchte er sich immer mehr von der Odenwaldschule abzuwenden und zu distanzieren. Beckers fast täglichen Übergriffe schienen kein Ende zu nehmen, bis Huckele eines Tages seinen Mut zusammennahm und Becker mit all seiner Kraft zurückzustieß. Gemeinsam mit einem Freunde suchte er Hilfe beim neuen Schulleiter Harder. Dort wurden sie mit klaren, aber bestimmten Worten zurückgewiesen. 1985 verließ Becker die Odenwaldschule, da er in der Entwicklungshilfe tätig werden wollte. Dies konnte er nie realisieren, da die Organisation in Kenntnis von seinen „Bedürfnissen" gesetzt wurde (vgl. ebd. 2013, S.69ff).

Huckeles letzten beiden Schuljahre an der Odenwaldschule waren geprägt von Albträumen, Paranoia sowie schweren depressiven Phasen (vgl. ebd. 2013, S.90). Seine Aggressionen nahmen stetig zu, trotz seines Versuchs sie durch Alkohol und Sport zu kompensieren. „Der Spuk im Außen war zu Ende, Der Spuk im Inneren ging weiter" (ebd. 2013, S.81).

Offiziell hatte Becker die Schule verlassen, kehrte dennoch als Aushilfslehrer immer wieder zurück und stand im regelmäßigen Kontakt mit einigen Schülern.

Auch die Jahre nach dem Abitur waren für Huckele ein Kampf ums Überleben. Vier Jahre nachdem er die Odenwaldschule verlassen hatte, sagte er sich vom Alkohol los und machte einen kalten Entzug (vgl. ebd. 2013, S.102). In den Nächten wurde er von Albträumen und Halluzinationen verfolgt, in denen er von einem Jäger heimgesucht wurde, der ihn zu ermorden versuchte (vgl. ebd. 2013, S.106). Mithilfe eines Aufenthalts in einer psychosomatischen Klinik, einer regelmäßigen Traumatherapie und dem Triathlon, schaffte es Huckele, seinem Leben Struktur zu geben. Er studierte Politologie sowie Sportwissenschaften und lehrte 16 Jahre lang an einem Gymnasium als Lehrer. Mittlerweile arbeitet Huckele als Mediator, Familientherapeut und systemischer Supervisor. Er macht sich für Betroffene sexualisierter Gewalt stark und versucht, durch Interviews, Bücher und Beiträge Bewusstsein für dieses Thema in der Öffentlichkeit zu schaffen (vgl. Huckele 2017).

4 Die Aufdeckungsarbeiten: Der Stein und das Wasser

1999 dachten der Journalist Jörg Schindler, Huckele und sein Freund Wiester, sie

> *„hätten einen riesigen Stein ins Wasser geworfen, der aber zu [ihrem] Erstaunen keine Wellen schlug. Das Wasser blieb glatt wie ein Spiegel. Als [sie] 2010 wieder einen Stein ins Wasser warfen, hielten [sie] die Wellen für möglich, manche hielten sie sogar für wahrscheinlich, aber mit diesem Tsunami hatte niemand gerechnet" (Huckele 2013, S.13).*

Juni 1998: Wiest ruft seinen Freund Huckele an und fordert ihn auf, etwas gegen Becker zu unternehmen, der wieder an der Odenwaldschule tätig sei. Noch nie hatten sie über die sexualisierte Gewalt gesprochen, die Becker ihnen angetan hatte (vgl. ebd. 2013, S.7). Es war „der Startschuss des Aufklärungsprozesses" (ebd. 2013, S.118), so wie es Huckele später beschreiben würde. In einer nie zuvor dagewesenen Offenheit und Klarheit sprachen sie über die Geschehnisse an der Odenwaldschule. Gemeinsam verfassten sie Briefe an die Schule. In diesen wurde die Schule in Kenntnis über die Missbrauchsfälle durch Gerold Becker gesetzt. Einer der Briefe endete mit dem Satz „Und wir sind nicht die Einzigen" (ebd. 2013, S.120), der sich im Laufe der kommenden 20 Jahre als eine schmerzliche Wahrheit herausstellen sollte. Becker trat von allen Ämtern, die er damals noch innehatte, ab und verharmloste den Missbrauch. In einem Antwortschreiben Beckers an Huckele wird deutlich, dass er die Misshandlungen verleugnet und seine Unschuld beteuert: „Wenn ich Dich als 14- oder 15-jährigen gekränkt, verletzt, beleidigt oder geängstigt habe, dann musst Du mir, bitte, glauben: Das wollte ich sicher nicht" (ebd. 2013, S.116). Nach erfolglosen Briefwechseln, forderten die Betroffenen von der Schule einen offenen Umgang mit der Thematik durch Aufklärung und drohten an die Presse zu gehen. Die Schule zeigte sich bewegt und betrachtete die Vorfälle als „bedauerliche Einzelfälle" und Becker als

„einen Einzeltäter" (ebd. 2013, S.226). Demzufolge sahen sie keine Veranlassung tätig zu werden. Im Jahr 1999 erschien der Artikel „Der Lack ist ab" in der Frankfurter Zeitung, von Jörg Schindler, der weder in der Gesellschaft, noch an der Odenwaldschule auf Resonanz stieß. Es war der riesige Stein, den sie ins Wasser geworfen hatten, der aber „keine Wellen schlug. Das Wasser blieb glatt wie ein Spiegel" (ebd. 2013, S.13).

Huckele blieb beharrlich und schrieb die Odenwaldschule 2008 erneut an. Er stellte die Frage wie sie gedenk bei der bevorstehenden 100-Jahrfeier der Odenwaldschule mit den Missbrauchsfällen umzugehen. Die neue Schulleiterin Kaufmann ließ verlauten, dass man „die Vergangenheit [...] eher kursiv behandel[n] werde" (ebd. 2013, S.226). Ein Jahr später wurden mehrere Gespräche zwischen Betroffenen und Vertreten der Odenwaldschule moderiert, die ergebnislos verliefen. Die Stimmung der Betroffenen spitzte sich zu und fand ihren Höhepunkt kurz vor der 100-Jahrfeier im März 2010. Briefe gingen an die Presse und der Stein schlug nicht mehr nur seine Wellen, sondern setzte einen Tsunami in Gang. Die mediale Präsenz war enorm.

Bei der 100-Jahrfeier der Odenwaldschule gab es ein offenes Hearing, für alle, die in ins Gespräch mit Odenwaldschule über die Vorfälle kommen wollten. Auch Huckele trat dieser Veranstaltung bei. Er stand auf, berichtete im Detail von seiner Vergangenheit. „Die Zeit des Schweigens, Vertuschens und des aktiven Täterschutzes ist vorbei. Endlich!" (ebd. 2013, S.227). Die Medien überschlugen sich und die Odenwaldschule war täglich im Fernsehen zu sehen. Die Odenwaldschule war gezwungen, tätig zu werden. Sie beauftragte zwei unabhängige Juristinnen, die ein Gutachten zu den Missbrauchsfällen erstellen sollten. Die Ergebnisse deckten auf, dass es sich um einen systemischen Missbrauch, der über Jahrzehnte hinweg andauerte, handelte. Es konnten drei Haupttäter und viele Mittäter genannt werden. „Wäre ich Staatsanwältin, dann forderte ich für Gerold Becker über zehn Jahre Gefängnis. Er war Päderast und Haupttäter", ließ die Juristin Brigitte Tilmann im Abschlussbericht verlauten. Becker verstarb im Frühjahr 2010. Weder er noch andere Täter wurden, aufgrund der Verjährungsfristen, zur Verantwortung gezogen. Die Odenwaldschule versprach, die Opfer finanziell zu entschädigen, bis heute erhielten sie nicht, die ihnen zugesagte Summe (vgl. Jens 2011, S.30).

Im Schuljahr 2014/2015 wurde die Odenwaldschule endgültig geschlossen. Die Versuche, die Schule umzustrukturieren und neuzugestalten, waren gescheitert. Die

Vergangenheit und der Umgang damit forderten seine Konsequenzen. „Sperrt den Laden endlich zu" rief Huckele bei der Verleihung des Geschwister-Scholl-Preises im November 2012. „Manchmal gibt es nichts mehr zu reparieren, zu kitten, geradezubiegen oder zu reformieren" (Miller/Oelkers 2014, S.232).

5 Gesellschaftliche Konsequenzen der Aufdeckung

Das Jahr 2010 stellt in der Auseinandersetzung mit sexualisierter Gewalt gegen Kinder einen Wendepunkt in der Gesellschaft dar. „Nicht enden wollende Berichte über sexualisierte Gewalt in renommierten pädagogischen Einrichtungen schockierten das Land" (Huckele 2016, S.206): das Kloster Ettal, das Aloisius-Kolleg, das Canisius-Kolleg. Die Odenwaldschule reiht sich in eine lange Liste institutionalisierter und sexualisierter Gewalt ein.

Seit 2010 ist das Thema in der Mitte der Gesellschaft angekommen. Es war nicht mehr möglich zu sagen, dass Missbrauch nur schwierige Gruppen betrifft. „Es gab eine große Öffentlichkeit, und das hat viele ermutigt zu reden" (Bergmann 2010). Immer mehr Betroffene vertrauten sich Freunden und Familie an. Wendepunkt e.V. verkündet auf der Internetseite, dass seit 2010 die Beratungszahl dauerhaft um 30% im Jahr gestiegen ist (vgl. Wendepunkt e.V. 2017). Das Schweigen über das Tabuthema sexualisierter Gewalt scheint langsam gebrochen zu sein.

Dennoch gibt es viele Betroffene, die sich erst Jahre später trauen, über das Erlebte zu sprechen. Daher fordern Juristen eine Aufhebung der Verjährungsfrist. Im Fall der Odenwaldschule wird sehr deutlich, welche Auswirkungen diese Verjährungsfrist hat – keiner der Verantwortlichen wurde je zur Verantwortung gezogen. Eine Verlängerung der Frist würde den Opfern Zeit und Möglichkeit geben, auch Jahre später die Vorfälle zur Anzeige zu bringen.

Ein weiterer maßgebender Aspekt, der sich aus der Aufdeckung der Missbrauchsskandale ableiten lässt, ist die vermehrte Arbeit mit Präventions- und Interventionsmaßnahmen. Die eigenen Grenzen und Gefühle zu erkennen und zu respektieren, ist eines der wichtigsten Merkmale dieser Arbeit. Schon im Kindergarten kann damit begonnen werden. Kinder sollen lernen, auf ihre Gefühle zu vertrauen und ihnen nachzugehen, um somit sexualisierte Gewalt keinen Raum zu geben.

Gemeinsam wurden für Schulen Schutzkonzepte ausgearbeitet, in denen geklärt wurde, was gemacht werden darf und was nicht.

Fazit

Sexualisierte Gewalt in deutschen Bildungseinrichtungen scheint nicht mehr nur ein Randthema zu sein. An der Odenwaldschule wurde über 30 Jahre lang geschwiegen. Wie konnte das passieren? Der Ruf war stets ein Aushängeschild, jedoch dürfte dieser niemals über dem Wohl der Kinder stehen. Als das Ansehen mit der öffentlichen Debatte 2010 bereits beschädigt war und sich das mediale Interesse überschlug, fassten immer mehr Betroffene den Mut zu sprechen. Dennoch fragt man sich wie es möglich ist, dass es zu solchen Ausschreitungen kommt. Der Schutz von Kindern kann nicht allein eine Frage des guten Willens und der Hoffnung sein. Es bedarf fachlich geschulter Pädagogen, die sich im Rahmen eines Schutzprogrammes und mit Hilfe von Präventionsarbeit aktiv gegen sexualisierte Gewalt einsetzen; eine Maßnahme, die sich aus den Konsequenzen der Odenwaldschule ableiten lässt, damals aber nicht vorhanden war. Ausschlaggebend ist, dass Pädagogen im Verdachts-, oder konkretem Missbrauchsfall wissen, wie sie mit betroffenen Kindern umzugehen haben. Je aufgeklärter Pädagogen sind, desto besser können Kinder geschützt werden. Dennoch ist es nicht machbar, sie auf die gesamte Bandbreite möglichen Missbrauchs vorzubereiten. Entscheidend ist wie Erwachsene auf entsprechende Berichte reagieren, denn Betroffene wollen ernst genommen werden. Häufig werden sexualisierte Übergriffe dadurch bekannt, wenn sich die Kinder an eine Lehrperson wandten. Im Fall der Odenwaldschule hatten die Schüler keine Ansprechpartner im System, da es viele Täter bzw. Mitwisser gab. Grundlegend müssen geschlossene Systeme geöffnet und Transparenz geschaffen werden, denn Kinder brauchen eine unabhängige Vertrauensperson. Wichtig ist, dass die Doppelbesetzung von verschiedenen Rollen (beispielsweise Lehrer und Heimleiter) und damit einhergehenden Abhängigkeiten, aufgelöst werden. In der Odenwaldschule wird deutlich, dass eine Institution ihre Vergangenheit niemals alleine aufarbeiten kann, vielmehr bedarf es einer gesetzlichen Grundlage für die Aufarbeitung von sexualisierter Gewalt. Diese Schule wird für immer ein Ort sein, der nicht unabhängig von den Missbrauchsverbrechen gedacht werden kann. Sie wird gleichzeitig immer auch die kriminellen Taten reflektieren müssen.

Eine Problematik, die im Rahmen dieser Hausarbeit aufkommt und sich nicht ohne weiteres lösen lässt, ist die Frage nach angemessener Nähe und Distanz zwischen Schülern und Lehrern. Wie viel Nähe braucht ein Kind und ab wann droht diese, die Grenzen des Kindes bzw. die Eigene zu verletzen? Fragen, die einer näheren Betrachtung, beispielsweise in einer weiteren Ausarbeitung, bedürfen. Dieses Thema erfordert weiterhin einen kontinuierlich sensiblen und kritischen Umgang.

Literaturverzeichnis

Bartsch/Verbeet (2010): Affären. Die Wurzeln des Missbrauchs. In: Spiegel Ausgabe 29/2010.

http://www.spiegel.de/spiegel/a-707316-2.html, [13.08.2017, um 12.20 Uhr]

Bergmann, Christine/Helming, Elisabeth/Mosser, Peter (2011): Wenn Betroffene sprechen. Wie erleben Betroffene ihre Situation und die öffentliche Diskussion über sexuellen Missbrauch? Eindrücke aus Gruppengesprächen – Interview mit Christine Bergmann. In DJI Impulse. Das Bulletin des Deutschen Jugendinstituts 3/2011. https://www.dji.de/fileadmin/user_upload/bulletin/d_bull_d/bull95_d/DJIB_95.pdf, [13.08.2017, um 14.00 Uhr]

Bundeszentrale für gesundheitliche Aufklärung (2014): Initiative „Trau dich"

www.multiplikatoren.trau-dich.de/sites/mp_site/files/files/BZGA_Elterninformation_A5_RZ_Web(1).pdf, [12.08.2017, um 17.45 Uhr]

Bundesrepublik Deutschland (2017): Strafgesetzbuch. https://dejure.org/gesetze/StGB, [08.08.2017, um 16.00 Uhr]

Burgsmüller, Claudia/Tillmann, Brigitte (2010): Abschlussbericht über die bisherigen Mitteilungen über sexuelle Ausbeutung von Schülern und Schülerinnen an der Odenwaldschule im Zeitraum 1960 – 2010. Wiesbaden.

Deutscher Depeschendienst (2010): Odenwaldschule. Ex-Leiter schikanierte Schüler. In: Frankfurter Rundschau. http://www.fr.de/politik/spezials/missbrauch/odenwaldschule-ex-leiter-schikanierte-schueler-a-1038010, [13.08.2017, um 12.00 Uhr]

Füller, Christian (2011): Missbrauch im Odenwald. Wie pädophile Verschwörer die Reformschule kaperten – Buchbesprechung Sündenfall. Wie die Reformschule ihre Ideale missbrauchte. In: Spiegel online. http://www.spiegel.de/lebenundlernen/schule/missbrauch-im-odenwald-wie-paedophile-verschwoerer-die-reformschule-kaperten-a-750705.html, [13.08.2017, um 13.00 Uhr]

Giesecke, Hermann (2010): Vom elitären Anspruch zum Mißbrauch. Reformpädagogische Sozialromantik in der Odenwaldschule. In: Das Gespräch aus der Ferne Nr.392, Sommer 2010, S.17.21.

http://www.hermann-giesecke.de/odenwald.htm, [12.08.2017, um 18.10 Uhr]

Huckele, Andreas (2013): Wie laut soll ich denn noch schreien? Die Odenwaldschule und der sexuelle Missbrauch. Sonderausg. Bonn: Bundeszentrale für politische Bildung (Schriftenreihe / Bundeszentrale für Politische Bildung, 1414).

Huckele, Andreas (2014): Macht, Sexualität und Gewalt in pädagogischen Kontexten. In: Damian Miller und Jürgen Oelkers (Hg.): Reformpädagogik nach der Odenwaldschule - Wie weiter? Weinheim, Basel: Beltz Juventa.

Huckele, Andreas (2017): Über mich. Sprache verbindet, oder: Kommunikation ist möglich!.

http://andreas-huckele.de/uber-mich/, [13.08.2017, um 13.30 Uhr]

Jens, Tilman (2011): Freiwild. Die Odenwaldschule - ein Lehrstück von Opfern und Tätern. Gütersloh: Gütersloher Verl.-Haus.

Kaufmann, Margarita/Ruf, Christoph (2010): Missbrauch an der Odenwaldschule. „Einem Menschen mit feinen Zwirn hat man das nicht zugetraut" – Interview mit Magarita Kaufmann. In: Spiegel online. http://www.spiegel.de/panorama/justiz/missbrauch-an-der-odenwaldschule-einem-menschen-im-feinen-zwirn-hat-man-das-kaum-zugetraut-a-688633.html, [13.08.2017, um 12.30 Uhr]

Kupfer, Christine (2014): Bildung zum Weltmenschen. Rabindranath Tagores Philosophie und Pädagogik. Zugl.: Heidelberg, Univ., Diss., 2012. Bielefeld: Transcript-Verl. (Pädagogik).

Nils (2017): Wendepunkt e.V. – Fachstelle gegen sexuellen Missbrauch an Mädchen und Jungen. In: Beteiligungshaushalt Freiburg 2017/2018. https://beteiligungshaushalt.freiburg.de/ecm-politik/beteiligungshaushalt/de/mapconsultation/49442/single/proposal/114, [13.08.2017, um 15.00 Uhr]

Oelkers, Jürgen (2016): Odenwaldschule: Zur Aufarbeitung des Skandals. In: Stimmen der Zeit (StdZ 8/2016, S.515-524)

http://www.stimmen-der-zeit.de/zeitschrift/ausgabe/details?k_beitrag=4713048&k_produkt=4720648, [11.08.2017, um 13.12 Uhr]

Reble, Albert (1999): Geschichte der Pädagogik. Frankfurt/M.: Ullstein (Ullstein-Buch Klett-Cotta im Ullstein-Taschenbuch, 39004).

Rietzschel, Thomas (2014): Mit gutem Gewissen gewissenlos. Die Moral in der bildungsverarmten Gesellschaft. https://deutscherarbeitgeberverband.de/aktuelles/dav_aktuelles_2014_09_27_gut enGewissengewissenlos.html, [12.08.2017, um 18.00 Uhr]

Röhl, Christoph (2011): Und wir sind nicht die Einzigen. Der Film. http://www.nichtdieeinzigen.de/inhalt.html, [9.08.2017, um 15.00 Uhr]

Stark, Christl (1998): Idee und Gestalt einer Schule im Urteil des Elternhauses. Zugl,: Heidelberg, Univ., Diss., 1998.

Unabhängiger Beauftragter für Fragen des sexuellen Missbrauchs (2013): Kampagne „Kein Raum für Missbrauch" – Informationen für Eltern und Fachkräfte. http://docplayer.org/18393211-Kampagne-kein-raum-fuer-missbrauch-informationen-fuer-eltern-und-fachkraefte.html, [12.08.2017, um 17.30 Uhr]